SOCIALISME LIBERTAIRE

ET

ANARCHIE

PAR

Georges RENARD

PRIX : 20 CENTIMES

PARIS

LIBRAIRIE DE LA
REVUE SOCIALISTE
10, Rue Chabanais

V. GIARD & E. BRIÈRE
ÉDITEURS
16, Rue Soufflot

LA REVUE SOCIALISTE

LA REVUE SOCIALISTE *paraît tous les mois en livraisons de 128 pages grand in-octavo. Chaque numéro contient : plusieurs articles de fond sur des sujets philosophiques, politiques et économiques ; une étude sur les faits sociaux d'actualité ; un article intitulé : la Question Sociale devant les Corps élus ; des nouvelles et des poésies ; des exposés du mouvement social en France et à l'Étranger ; une Critique régulière des œuvres littéraires et artistiques du jour ; une Revue des périodiques, journaux et revues ; des analyses de tous les ouvrages importants.*

Un Numéro-Spécimen de LA REVUE SOCIALISTE *est envoyé contre timbres au prix exceptionnel de* **Un Franc.**

ABONNEMENTS

LE MONTANT DE L'ABONNEMENT EST PAYABLE D'AVANCE

FRANCE	Six mois : **9** francs.	— Un an : **18** francs.
ÉTRANGER	— **10** francs.	— — **20** francs.

On peut s'abonner sans frais dans tous les bureaux de poste de France et d'Algérie.

Le Numéro : 1 fr. 50 pour la France. — 1 fr. 75 pour l'Étranger.

ABONNEMENTS COMBINÉS à LA PETITE RÉPUBLIQUE et à LA REVUE SOCIALISTE :

	TROIS MOIS	SIX MOIS	UN AN
Paris	**7** fr. »	**14** fr. »	**27** fr. **50**
Départements	**8** »	**16** »	**32** »
Étranger	**11 50**	**22** »	**44** »

Pour jouir de ces prix de faveur, il suffit d'adresser le montant de l'abonnement à la REVUE SOCIALISTE, 10, rue Chabanais.

Le prix de l'abonnement est payable d'avance.

Il sera envoyé franco sur demande un tableau synoptique où les articles publiés dans *La Revue socialiste* depuis sa fondation (janvier 1885) ont été classés par sujets. Ce tableau permettra à la fois de juger notre publication et de choisir des numéros ou des séries qui seront expédiés au tarif ci-dessous :

COLLECTIONS DE LA *REVUE SOCIALISTE*

1er JANVIER 1885 AU 31 DÉCEMBRE 1894

Dix années.	**100** francs.
Une année	**12** —
Un numéro antérieur au 1er janvier 1895. . . .	**1** —

Les Mandats doivent être adressés au nom de M. RODOLPHE SIMON, bureaux de LA REVUE SOCIALISTE, 10, rue Chabanais, PARIS.

Socialisme Libertaire et Anarchie

INTRODUCTION

Il a paru cet été en France trois ouvrages d'inégale valeur, mais importants tous trois, relatifs à l'anarchie. M. Georges Renard, en sa qualité de critique à la *Petite République,* a été appelé à les étudier et à les apprécier.

On a cru bon de réunir ici les articles où il a exposé les principales objections du socialisme libertaire aux doctrines anarchistes. Cela permettra de rendre plus précise la discussion de questions difficiles qui attirent avec raison l'attention des penseurs.

Psychologie de l'Anarchiste-Socialiste

PAR

A. HAMON (1)

L'auteur nous déclare dans sa préface qu'il nous apporte une étude impartiale et purement scientifique, et il proteste d'avance contre quiconque voudrait inférer de son livre qu'il est lui-même anarchiste. L'est-il, en effet, comme on aurait quelques raisons de le croire, ou ne l'est-il pas, comme il l'insinue? Je ne veux point le savoir; c'est affaire entre sa conscience et lui. A peine osé-je regretter, étant données les lois d'exception dont on a doté la France, qu'il n'ait pas eu la crânerie de nous renseigner nettement sur ce point. Je laisse l'homme de côté; j'entends seulement discuter son ouvrage avec la courtoisie, mais aussi avec la pleine franchise qui devraient être la double règle de toute critique.

Le but de M. Hamon est de déterminer la mentalité philosophique qui distingue ceux qu'il appelle (nous dirons plus tard ce que nous pensons de cet accouplement de noms) anarchistes-socialistes. Voici sa méthode : Il a demandé à un certain nombre d'adeptes de la doctrine *pourquoi* ils l'étaient et *comment* ils l'étaient devenus. De ces confessions dues à des personnes différant de nationalité, d'âge, de sexe, de profession, de classe sociale, il tire les caractères distinctifs

---

(1) Stock, éditeur, Paris.

du type moyen qu'il veut établir ; il confirme par l'examen des écrits de propagande les résultats auxquels il aboutit.

On comprend que la marche de cette enquête en deux voies convergentes soit lente et même pénible. Bien que les confessions et les fragments de brochures soient abrégés, il y a des redites sans nombre, des longueurs inévitables. Tant de citations fatiguent et ennuient. Mais la science a le droit d'ennuyer, pourvu qu'elle instruise. Peu importe que les conclusions soient chèrement acquises, si elles sont neuves, solides, intéressantes. Allons-y donc tout droit. Elles sont ainsi résumées à la page 272 : « L'anarchiste-socialiste est un individu *révolté, libertaire, individualiste, altruiste, sensitif, sensible, assoiffé de justice, quelque peu logicien, curieux, affecté de prosélytisme.* ».

Il arrive parfois que, sur la parole d'un savant, on entreprend des fouilles profondes dans un terrain où l'on se promet de trouver des trésors et des merveilles ; on creuse, on creuse ; on entasse des montagnes de terre autour d'une cavité formidable ; et puis que trouve-t-on au fond ? Une déconvenue : quelques débris insignifiants, quelques poteries vulgaires comme on aurait pu en acheter au marché.

Pourquoi ai-je éprouvé une déception semblable en arrivant aux résultats de la consciencieuse recherche de M. Hamon ? J'étais parti à sa suite plein de respect pour l'énorme appareil scientifique qu'il déployait. Mais quoi ! Une définition si vague, si imprécise, si élastique, c'était donc là le fruit de tant d'efforts !

Une définition de ce genre doit (c'est l'auteur qui le dit avec raison) « différencier le socialiste-anarchiste des autres hommes non-adeptes de cette doctrine ». Rien de plus simple, par suite, que d'en éprouver la valeur. Voyons si elle ne conviendrait point par hasard à d'autres personnes.

Or, je me fais fort de prouver qu'on peut l'appliquer à tout homme tant soit peu mécontent de la société de son temps. Prenons Voltaire. Inutile, je pense, de démontrer qu'il a eu l'esprit de révolte, de critique, d'opposition. Il a eu l'amour de la liberté; et ne me dites pas que les anarchistes se reconnaissent, comme vous et moi pourrions le supposer, à l'amour de la liberté entière, illimitée; car M. Hamon écrit : « D'aucuns réclament la liberté absolue ». Vous l'entendez, *d'aucuns,* mais pas tous, pas même le grand nombre. On ne peut aimer la liberté sans être individualiste en une certaine mesure, puisque la liberté n'est autre chose que l'ensemble des droits de l'individu. Ledit Voltaire fut encore altruiste :

> C'est n'être bon à rien que n'être bon qu'à soi...
> Le juste est bienfaisant, etc.

Était-il sensitif? On connaît son tempérament de salpêtre et de vif-argent. Étant sensitif, il y a apparence qu'il devait être sensible. Il eut soif de justice, j'en appelle à Calas, à Sirven, à La Barre. On ne saurait lui refuser *quelque peu de logique,* une ardente curiosité, une rare puissance de prosélytisme. Donc Voltaire fut anarchiste-socialiste.

Choisissons maintenant quelqu'un qui ne ressemble point à Voltaire (je ne parle pas de la figure), le pape actuel, si vous voulez; oui, Sa Sainteté Léon XIII en personne. Je trouve en lui tous les traits indiqués par M. Hamon à la page 17. *Esprit de révolte.* Demandez plutôt au roi d'Italie. *Amour de la liberté.* O pauvre prisonnier du Vatican, gémissant sur l'oppression dont il est victime! *Amour du moi.* Quel vivant peut en être dénué? *Amour d'autrui.* Il serait impertinent de le contester à un interprète de l'Évangile, à l'auteur de l'Encyclique sur les ouvriers. *Le sentiment de justice.* Il conçoit sans doute la justice à sa manière; mais si, par représailles, vous aviez la prétention de le confesser à son tour, soyez sûrs qu'il protesterait de son désir d'être juste. *Le sens de la logique.* On pourrait discuter; mais M. Hamon avoue qu'il n'est pas nécessaire, pour être anarchiste, d'être bon logicien. Il suffit, nous dit-il,

« d'appéter vers ce but » (p. 193). Et, comme tout le monde y « appète » peu ou prou, nous voilà tranquilles. Restent *la curiosité de connaître* et *l'esprit de prosélytisme*. « Ces tendances sont-elles en l'encéphale » du pape, comme dit toujours notre texte? Je ne pense pas qu'on lui conteste d'avoir fait quelques efforts pour s'instruire et d'en faire encore tous les jours pour convertir les infidèles. Donc le pape Léon XIII est anarchiste-socialiste.

J'ai l'air de plaisanter; mais, sérieusement, il est heureux que ce livre n'ait pas paru l'an dernier au moment où nos gouvernants cherchaient à englober dans les lois contre les anarchistes tous ceux qui les gênaient. Ils auraient payé bien cher un ouvrage qui leur aurait permis, en vertu d'une enquête soi-disant scientifique, d'expulser ou de déporter quiconque n'était pas satisfait de leur façon de gouverner.

Si les résultats obtenus sont d'une valeur aussi problématique, il faut que la méthode suivie laisse beaucoup à désirer. Examinons-la de près, voulez-vous?

D'abord ces confessions publiques mises bout à bout ne me semblent pas un moyen sûr d'avoir toute la vérité! Il est à croire que ceux qui les font ne disent pas trop de mal d'eux-mêmes. Ensuite il en est dans le nombre dont M. Hamon avoue ne pas connaître les auteurs (p. 11) : quelle créance ajouter à ces documents anonymes? Puis encore ont été écartées de parti pris les lumières qu'auraient pu fournir les jeteurs de bombes : Ravachol, Vaillant, Henry, qui furent pourtant des anarchistes authentiques. Enfin, parmi les 150 ou 200 personnes choisies, je soupçonne que plusieurs entendent sous le nom d'anarchie des choses fort différentes, et je conjecture, par exemple, que M. Pujo et M. Bernard Lazare sont assez loin de celui qui écrit (p. 77) : « Il n'y a ni lois, ni droits, ni devoirs... » — De là une confusion fâcheuse et la nécessité de rester dans le vague.

Ce qui est plus grave, je ne vois point que M. Hamon

ait une idée bien nette de ce qui constitue le caractère soit d'un homme, soit d'un groupe. Il relève et nous jette pêle-mêle une quantité d'éléments divers, qui sont si généraux qu'on peut les retrouver tous (nous l'avons prouvé plus haut) dans une foule de personnes. Il ne semble pas se douter que l'intéressant, le difficile aussi, serait de savoir à quelle dose ces éléments se combinent, lesquels sont principaux, lesquels accessoires. Le caractère d'un individu ou d'une secte n'est point un amas incohérent de tendances juxtaposées : c'est un organisme où certaines parties sont dominantes et d'autres subordonnées.

Ainsi l'anarchiste a certainement quelque tendance ou conception essentielle, d'où dépendent d'autres tendances et d'autres conceptions secondaires. Je reproche à M. Hamon de n'avoir pas essayé de la mettre en lumière ; bien plus ! de ne pas savoir la reconnaître quand il la rencontre, cette pièce maîtresse. Il me paraît, à moi, que c'est l'individualisme ; j'entends par là la préoccupation constante de la monade humaine, le désir prédominant et obsédant d'assurer le développement intégral de l'individu. C'est en vertu de cet individualisme outré, modifié et complété par un amour de l'égalité poussé aussi à outrance, qu'il est partisan de toutes les libertés, qu'il se révolte contre les lois et les conventions sociales, qu'il réclame la justice, qu'il tâche de faire des prosélytes, etc. Eh bien ! M. Hamon noie cette tendance primordiale au milieu des autres, et même, par un étrange renversement des rôles, il fait dériver d'une tendance consécutive celle qui est la véritable source du reste. Il écrit sans hésiter, en parlant de l'anarchiste : « De son amour pour la liberté résulte qu'il désire que son être se développe librement ». Renversez la pensée et vous serez dans le vrai.

En somme, pour les raisons que je viens de déduire, j'estime que le livre de M. Hamon restera un répertoire utile et copieux de documents sur la mentalité anarchiste, mais que l'auteur a manqué son but, qui était de la définir, et cela par la faute d'une méthode pseudo-scientifique où je constate à regret insuffisance de précision et d'esprit philosophique.

*
* *

J'ai une autre querelle à lui faire, d'importance moindre. C'est à propos du titre qu'il a choisi. Primitivement son livre devait s'appeler : *Psychologie de l'anarchiste ;* il fut ainsi annoncé. Si l'on voulait rendre ce titre plus précis, le complément naturel semblait être : *communiste*. Le nom d'anarchiste-communiste est clair ; il est accepté de longue date, à telles enseignes que la plupart de ceux qui ont répondu au questionnaire de M. Hamon l'emploient pour se qualifier eux-mêmes (Voir p. 78, 79, 143, 144, 145, etc.). Cependant M. Hamon a préféré cette expression : anarchiste-socialiste.

A coup sûr, personne n'a la propriété du nom de socialiste, et nous ne saurions empêcher personne, fût-ce le pape ou l'empereur Guillaume, si cela leur plaît, de se dire socialiste et de rendre ainsi hommage à la puissance de l'idée que ce nom représente. Mais en ces matières, où existent déjà tant de malentendus, il me semble superflu d'en créer de nouveaux par des équivoques regrettables, et l'appellation dont se sert M. Hamon a pour effet, sinon pour but, d'embrouiller ce que les esprits loyaux de tout parti doivent tendre à éclaircir le plus possible.

Cela est si vrai que dans son livre même une bonne partie de ses correspondants protestent avec énergie contre le socialisme tout court. L'un (p. 28) dénonce « la pauvreté d'imagination des socialistes et la sécheresse de leur cœur ». Un autre, comme Yves Guyot lui-même, parle de son horreur pour la caserne collectiviste. Un troisième dit : « Aussi n'ai-je pu être socialiste, et je suis devenu anarchiste ». Comment voulez-vous que le pauvre public se retrouve dans ce fouillis de contradictions ?

La vérité est que les communistes-anarchistes ont

aujourd'hui leurs doctrines, leurs théoriciens, leurs revues, leurs journaux, qui sont en lutte avec ceux et celles des socialistes (en laissant à ce mot son acception ordinaire). Je n'examine pas ici qui a raison ; mais je crois honnête et utile d'établir clairement la démarcation entre deux écoles que trop de gens affectent de confondre. Et ce que j'en fais n'est pas pour provoquer des conflits, tout au contraire. Le meilleur moyen de les prévenir est de régler nettement les questions de frontière.

En théorie, l'homme étant à la fois *un individu* et un *être social*, les socialistes insistent sur la seconde qualité, les anarchistes sur la première.

Les socialistes estiment que du moment qu'une société quelconque est formée, il existe deux sortes d'intérêts distincts, qui peuvent être tantôt opposés, tantôt d'accord : ceux des individus pris à part, ceux de la collectivité. Ils pensent que dans certains cas les intérêts particuliers doivent se soumettre aux intérêts généraux ; que par conséquent l'individu doit faire à la collectivité dont il fait partie un sacrifice partiel et temporaire de sa liberté. Ils constatent qu'un navire a besoin d'un capitaine qui commande la manœuvre et de matelots qui l'exécutent. Ils savent que toute entreprise en commun (construction d'une maison, exploitation d'une usine ou d'un chemin de fer, etc.) exige des efforts qui se *coordonnent* et se *subordonnent*, du moins provisoirement.

Ils n'admettent donc pas, dans le domaine économique, la suppression totale d'autorité qui est impliquée par le mot *anarchie*. Il ne comprennent pas qu'un homme puisse jouir d'une liberté absolue, si ce n'est Robinson dans son île.

Est-ce à dire qu'ils veuillent diminuer la somme des libertés individuelles ? On le leur reproche souvent : mais que ne leur a-t-on pas reproché ? Or, cela est faux. Ils sont orientés aussi vers le développement intégral de l'individu, vers la disparition graduelle de toute contrainte extérieure, vers un état social où tout gouvernement serait devenu inutile parce que chacun ferait ce qu'il devrait sans autres maîtres que sa conscience et sa raison. Seulement ils considèrent que pour atteindre à cet idéal, il faut une longue éducation solidariste et que des lois sont encore nécessaires pour un temps indéterminé ; ils n'espèrent point arriver d'emblée à une société parfaite ; ils bornent leur ambition à faire une étape sur la route sans fin où marche l'humanité.

Des divergences théoriques que j'indique découlent des divergences pratiques. Logiquement un anarchiste n'accepte pas de décision prise à la majorité des voix, par conséquent ne vote pas, répudie toute action électorale et parlementaire, et même n'admet qu'avec peine qu'une réunion soit présidée. Logiquement il agit seul, de sa propre initiative, et, s'il est de tempérament violent, il pourra commettre un attentat individuel, que les anarchistes doux pourront *improuver, mais non réprouver,* distinction subtile que je n'imagine pas, mais que j'emprunte à une lettre particulière d'un de leurs amis.

Il est aisé maintenant de conclure. D'une part, croyance à l'impossibilité de la liberté absolue et à la nécessité d'une longue période éducative pour amener peu à peu la suppression des contraintes légales ; d'autre part, organisation en vue de la double action politique et corporative, et condamnation de la propagande à coups de dynamite ou de poignard, comme inique et inutile ; tels sont quelques-uns des points essentiels qui séparent les socialistes des anarchistes.

C'est pourquoi l'on peut, disons même l'on doit, souhaiter que le socialisme soit aussi libertaire que possible, et celui qui écrit ces lignes désire passionnément que la liberté aille sans cesse croissant avec et par la solidarité ; mais socialisme anarchiste, ces deux mots jurent, à moins qu'on ne vide le mot *anarchiste* du sens exact que l'étymologie et l'usage lui assignent.

M[illegible]N.

25 juin 1895.

LA DOULEUR UNIVERSELLE

PHILOSOPHIE LIBERTAIRE

PAR

Sébastien FAURE (1)

Il serait à souhaiter pour l'auteur et pour la dignité des lettres que cet ouvrage, qui veut être sérieux, ne s'avançât pas précédé d'un sonneur de trompe aussi intempérant que M. Émile Gautier, du *Figaro*. Ce préfacier trop zélé semble crier comme un montreur de bête curieuse : — Voici le buffle! le véritable buffle! — Il a l'épithète méridionale, exubérante. Il s'incline plein de respect devant « ce formidable livre » ; il s'extasie plein d'admiration devant « la merveilleuse éloquence » de l'orateur devenu écrivain.

Cette façon d'asséner des éloges écrasants ne laisse pas d'être gênante pour la critique. Allez donc insinuer après cela que « ce formidable livre » ne vous paraît pas si terrible! Vous risquez de passer pour un vil détracteur. Et, d'autre part, vous êtes mis en défiance par l'énormité même du boniment. Il vous faut un effort pour accueillir sans défaveur quelqu'un qui se présente avec un tel accompagnement de grosse caisse. J'essaierai pourtant (c'est ce que je puis

---

(1) Savine, éditeur, Paris.

faire de mieux) d'oublier la préface pour ne voir que l'œuvre même.

Avant tout, je féliciterai M. Sébastien Faure de sa franchise, de sa crânerie. Son essai de philosophie libertaire est une complète et directe apologie des théories anarchistes. Il n'a pas cru devoir les atténuer, les voiler : à peine a-t-il tâché de *sucrer sa moutarde,* comme disait le vieux Régnier. Or, nous sommes de ceux qui estiment non seulement que toute opinion a le droit de s'exprimer en pleine liberté, mais que la plus dangereuse offre ainsi le minimum de danger. Il en est de la pensée comme de la poudre : elle fait explosion dans un vase clos ; elle brûle sans éclater à l'air libre.

Mais cette liberté de dire et d'écrire implique une discussion sans ménagement. On ne pouvait guère, l'an dernier, attaquer à fond les doctrines des anarchistes, parce qu'elles étaient persécutées en la personne de ceux qui les professent ; cette demi-trêve n'est plus de saison et nous devons aux adeptes comme aux adversaires de ces théories de déclarer nettement en quoi elles nous paraissent fausses et inacceptables.

*
* *

Voici la thèse de M. S. Faure : La douleur existe partout autour de nous. La faute n'en est point à la nature, qui est désormais vaincue par l'homme, ni à l'individu, qui est déterminé par le milieu où il vit. La grande coupable est donc l'organisation sociale et toutes les causes qui engendrent dans la société les diverses formes d'iniquité peuvent se ramener à une seule : le principe d'autorité. Donc supprimez-le ; proclamez la liberté intégrale, absolue ; vous établissez du même coup le bonheur sur la terre !

M. Sébastien Faure recourt à des procédés variés pour frapper et conquérir les esprits. Ce sont des dilemmes où il prétend vous enfermer ; des calculs compliqués où il tâche de vous ensevelir sous un monceau de chiffres ; un arbre généalogique où du tronc *Autorité* vous voyez, comme autant de branches et de rameaux, jaillir toutes les oppressions, toutes les injustices ; des sonneries de clairon comme celle-ci : « Je défie qui que ce soit de découvrir une seule douleur qui ne découle pas d'une loi ou d'un préjugé, qui ne se rapporte pas à une tyrannie quelconque, qui ne corresponde pas à une contrainte. »

Rendons hommage à l'habileté du dialecticien, au talent et aux ressources de l'avocat, et examinons.

Je ne puis m'empêcher de noter chez lui dès l'abord une tendance extraordinairement simpliste. Eh quoi ! La douleur universelle a une cause unique ! La nature n'y est pour rien ! Les tempêtes ne noient plus les marins, la grêle et la gelée ne détruisent plus les récoltes espérées, la maladie et la mort ont cessé de nous guetter à chaque coin de l'espace et du temps, la vieille lutte que l'humanité soutient contre les forces naturelles est finie pour jamais ! En vérité l'on demeure émerveillé.

Et de même, la constitution physiologique ou mentale d'un individu est absolument innocente de son malheur ! Peu importe qu'on soit aveugle ou estropié de naissance, alcoolique ou goutteux par hérédité ! Tout cela ne compte pas. Sous prétexte que l'homme subit (ce qui est incontestable) l'action du milieu social, l'auteur conclut que sa volonté ne peut plus être regardée comme cause, mais seulement comme effet, et que tous nos maux, sans exception, viennent de la société mal bâtie. Mais, puisque à ce propos il veut bien m'appeler en témoignage, et même dans des termes fort aimables dont je le remercie (p. 101), il me permettra de lui rappeler que, d'après la théorie déterministe, d'abord la volonté est à la fois cause et effet, ensuite que le milieu physique dans lequel nous évoluons et les conditions héréditaires faites à chacun de nous ont une part très appréciable dans notre destinée.

Nous ne pouvons donc admettre qu'on réduise toutes les

causes de douleur à des causes sociales et qu'on fasse briller devant l'humanité en marche cette illusion d'un état de choses où le chagrin, la pitié, l'effort, le travail, le désir inassouvi, toutes variétés de la douleur, auront complètement disparu. Nous ne sommes pas de ceux qui placent devant ou derrière nous l'innocence et le bonheur parfaits d'un paradis terrestre.

M. Sébastien Faure apporte la même préoccupation de l'unité, la même recherche de l'absolu dans la critique qu'il fait de l'organisation sociale. Il distingue (assez vaguement) ce qu'il appelle l'iniquité économique, l'iniquité politique, l'iniquité morale. Contre la première il ne fait guère que répéter les arguments des socialistes, en leur reprochant à tort de tout ramener à une question de bien-être matériel : il oublie Malon, Jaurès et bien d'autres. Mais en combattant la seconde, il est en pleine opposition avec le socialisme.

M. Faure n'admet, en effet, aucune espèce de code, aucune espèce de loi, et, comme la loi est faite aujourd'hui au nom du suffrage universel, c'est au suffrage universel qu'il s'en prend. Très habilement il confond deux choses fort distinctes : la théorie et l'application, ce qui devrait être et ce qui est.

Il n'a pas grand'peine à démontrer que les élections sont loin d'être toujours loyales ; qu'elles sont faussées par l'argent et par le pouvoir; que le système parlementaire prête à des abus criants ; que mandataires et mandants ne sont pas nécessairement d'accord ; qu'un certain nombre d'intérêts ne sont pas représentés ; que la loi se mêle de beaucoup de choses qui ne la regardent pas, etc. Les socialistes le reconnaissent comme lui et c'est pourquoi ils sont d'avis que le suffrage universel, tel qu'il est encore presque partout, amorphe, à l'état brut ou frelaté, a besoin d'être organisé, éduqué, épuré ; que d'ailleurs l'idéal est de voter de moins en moins sur les hommes, et de plus en plus sur les choses ; de se rapprocher ainsi d'une législation directe et travaillant à se rendre un jour autant que possible inutile.

Mais M. Sébastien Faure, fidèle interprète de la doctrine anarchiste, franchit d'un bond un énorme fossé. Des vices actuels du suffrage universel il saute à son principe même et il condamne ce principe, qui est la soumission de la minorité aux décisions de la majorité. Reprenant à son compte les aristocratiques dédains d'une soi-disant élite contre « la vile multitude », il conclut : « Cette loi du nombre, c'est la loi de la force bête, stupide, aveugle, insaisissable, incohérente, déraisonnable et changeante. » Il n'y a plus qu'à répéter le mot d'Élisée Reclus : « Voter, c'est s'avilir. »

Quels arguments pour justifier cette scrutinophobie ? J'oserai dire qu'ils ne me paraissent pas « formidables ». Le plus grand nombre, nous dit-on, ne représente pas le plus grand savoir ; il ne peut décréter la vérité. Il ne représente pas davantage la plus grande somme de vertu ; il ne peut décider ce qui est juste. Je pourrais faire observer que cela est tantôt vrai, tantôt faux ; que la justice et la vérité peuvent être tour à tour soit avec la majorité, soit avec la minorité. Mais j'aime mieux répondre que le suffrage universel n'a nullement pour but et pour fonction de fournir aux gens une certitude scientifique ou morale. Son rôle est plus modeste et par là même plus facile à remplir et à défendre. Entre des individus différents ayant des intérêts communs et pouvant être en désaccord sur la gestion de ces intérêts, il est le moyen de constater pacifiquement la volonté générale. Il n'a pas la prétention d'être le Verbe universel, de promulguer des décrets immuables; il est faillible et changeant, parce qu'humain, et il se borne à être un pis-aller, qui, en cas de conflit entre des volontés individuelles idéalement égales, remplace avantageusement ou la lutte à main armée ou la dissolution de la société.

Son fondement théorique est la nécessité sociale. Supposez trois personnes seulement marchant ensemble ; deux veulent aller à droite, une à gauche. Aucune n'a le droit de commander aux autres. Il faut ou se battre ou se séparer, à moins qu'on ne convienne de suivre la route choisie par le plus grand nombre. La même chose se passe dans toute société, où l'on n'accorde plus à un seul ni à quelques-uns le privilège d'imposer ce qu'ils veulent ; que reste-t-il, lorsqu'il faut trancher un litige ? — La force brutale, ou un contrat en vertu duquel la volonté du plus grand nombre fasse règle, ou bien l'émiettement, l'éparpillement en poussière d'hommes.

Encore un coup je comprends l'indépendance totale pour Robinson dans son île. Mais quand M. Sébastien Faure me parle d'intérêts généraux, de groupes associés, voire même fédérés, et qu'il fulmine en même temps contre la loi des majorités, je ne comprends plus, et je voudrais bien savoir par quel moyen mystérieux, sans la soumission consentie par la minorité, sans cette aliénation partielle et provisoire de liberté, pourra vivre un seul jour, je ne dis pas même une une fédération, je dis seulement la moindre association, le moindre syndicat.

J'aurais encore bien des objections à faire à la liberté illimitée que M. Sébastien Faure réclame dans le domaine moral. Ainsi l'enfant dès son plus bas âge, ainsi l'élève à l'école pourra faire tout ce qu'il lui plaira ! Bien plus ! Il faudra renoncer à toute promesse, à tout scrupule, de peur d'être esclave d'une parole donnée ou d'un préjugé, d'une contrainte qui sera toujours mauvaise, fût-elle volontaire ! Tout cela ne tient guère debout, ce me semble. Mais c'est assez indiquer ce qui nous choque dans les théories de M. Faure.

Nous voudrions en éliminer l'absolu. De même qu'en matière économique nous croyons à la nécessité d'un minimum de propriété individuelle, ne fût-ce que pour les habits et les objets de consommation personnelle, de même en matière politique nous croyons qu'il subsistera toujours un minimum d'autorité. On pourra réduire progressivement et indéfiniment l'une et l'autre ; quant à les supprimer, jamais.

Il est commode, sans doute, de crier à pleins poumons : Vive la liberté ! d'avoir un programme tout négatif qui se résume en ceci : A bas les lois ! A bas les codes ! Je reconnais que c'est très simple ; mais j'ai peur que ce ne soit d'une simplicité par trop enfantine.

Est-ce à dire que nous acceptions la classification que propose ingénûment M. Sébastien Faure : les anarchistes représentant le courant libertaire, les socialistes le courant autoritaire ? — O la belle petite équivoque ! Comme si les socialistes rêvaient de renforcer l'autorité, de resserrer les mailles du filet où étouffe l'humanité !

Non, non, il faut le répéter à satiété, puisqu'on fait semblant de ne pas l'entendre : les socialistes veulent étendre et garantir toutes les libertés ; seulement, ils savent que la liberté ne saurait être absolue du moment qu'il y a société, et, par cela seul, mise en présence de plusieurs volontés ayant des droits égaux ; mais, tout en subissant cette nécessité, ils estiment que cette limitation nécessaire doit de plus en plus être consentie, de plus en plus tourner au contrat.

Ils savent en outre (et cela encore les sépare de la plupart des anarchistes) que la société ne peut se transformer d'un coup de baguette magique ; que des résistances sans nombre sont opposées aux revendications de ceux qui souffrent par les privilégiés de toute nature et par les prisonniers de l'ignorance et de la routine ; que contre ces résistances passionnées l'organisation de toutes les forces assaillantes est une condition indispensable de la victoire ; que pour devenir libres demain il faut savoir se plier aux exigences du combat.

Aussi à ceux qui courent le long de l'armée en criant : — Point d'union ! Point de discipline ! La bataille à l'aventure, sans ordre et sans plan ! — ils tirent poliment leur chapeau, en continuant leur action patiente, méthodique et résolue à user de toutes les armes que la constitution de la société présente met à leur disposition.

13 août 1895.

LA SOCIÉTÉ FUTURE

PAR

Jean GRAVE (1)

Quand je songe que ce livre a été écrit en prison, par un homme puni pour avoir osé dire toute sa pensée, je ne puis m'empêcher de rendre hommage à sa franchise et à son courage ; et quand je pense, par surcroît, que l'écrivain a été longtemps simple ouvrier cordonnier, je ne puis me défendre d'un sentiment de respect pour la somme de travail et d'intelligence que représente cet effort vers les hautes spéculations sociologiques. On peut, en effet, se dispenser de lire tout autre ouvrage, si l'on veut connaître les doctrines anarchistes : je n'en sais pas d'exposé plus habile, plus vigoureux, plus complet.

Il convient pour toutes ces raisons d'examiner de près et de discuter à fond cette œuvre de valeur. Mais je voudrais bannir de la discussion certaines formes acerbes qui me paraissent déplacées en une matière où il est superflu d'augmenter par une sorte de pugilat intellectuel la difficulté d'atteindre la vérité. Quoi ! Parce qu'on n'est pas d'accord avec vous sur ce que pourra être la société à venir, vous vous écriez : « Tas de Jean-F... ! » (C'est aux socialistes, je crois, que s'adresse cette aimable apostrophe, p. 115.) Vous

---

(1) Stock, éditeur, Paris.

ne parlez à vos adversaires qu'en les traitant de « pauvres bonshommes », qu'en taxant leurs objections de « stupides » ! Bien plus ! Vous n'admettez guère qu'on puisse différer d'avis avec vous, à moins de « faire partie de la classe des exploiteurs ou *d'espérer y entrer* » (p. 397) !

Tout doux, monsieur l'auteur ! Je comprends certes et je pardonne l'âpreté des fortes convictions. Mais, si vous avez la chance de ne douter jamais, jamais de votre infaillibilité, ne pourriez-vous du moins vous arroger avec moins d'intempérance le monopole de la bonne foi ? Respecter l'opinion d'autrui est encore une façon de respecter cette liberté individuelle dont vous êtes l'ardent champion. Et quant à cette vertu sociale qu'on nomme la modestie, je me permets de vous rappeler une phrase qui est de vous : « L'intelligence est une chose si ténue, si difficile, sinon à apprécier, du moins à doser, qu'il convient d'être modeste en s'attribuant cette qualité. »

Pour moi, je répèterais volontiers, après le *Paysan du Danube* :

> Veuillent les Immortels, conducteurs de ma langue,
> Que je ne dise rien qui doive être repris !

Et si par hasard il m'échappait un mot qui pût vous blesser, je le désavoue d'avance ; c'est que ma plume aurait trahi ma pensée. Nos chétives personnalités importent si peu, dans un débat où s'agitent des intérêts autrement sérieux, qu'on ne saurait trop le désencombrer de tout ce qui n'est pas raisonnement pur.

***

L'œuvre d'un écrivain réclamant une transformation sociale devrait logiquement se diviser en trois parties :

1° Une critique de *la société telle qu'elle est ;*

2° Un aperçu de *ce qu'elle pourra et devra être,* en tenant compte de la nature des hommes et des choses et de la justice idéale;

3° Un tableau *des voies et moyens qui peuvent conduire de ce qui est à ce qui sera*, un itinéraire du point de départ au point d'arrivée.

M. Jean Grave a rempli le premier tiers de sa tâche dans un livre qui fut condamné et saisi : *La Société mourante et l'Anarchie*. Je n'en parlerai point, puisque aussi bien nous estimons, comme lui, qu'une transformation profonde du monde actuel est nécessaire.

L'ouvrage présent contient, mêlées et confondues, les deux autres parties du programme. Je regrette que l'auteur ait ainsi brouillé des éléments qui devaient rester distincts, j'entends *ce qui est* réalisable en ce moment et *ce qui peut le devenir* dans la suite des temps. Aussi, pour la clarté, pour la loyauté même de la discussion, je tiens à rétablir une distinction indispensable. Je parlerai donc d'abord de ce que promet le titre du livre : *De la société future* telle que la conçoit M. Jean Grave.

I

Avant tout, comme mon intention est, non pas d'augmenter, mais seulement de préciser les divergences entre les écoles qui travaillent à faire l'avenir, je me garderai bien d'aller prendre chez mes adversaires les formules les plus cassantes pour dire : Vous voyez combien elles sont opposées aux nôtres ! M. Jean Grave (je le regrette pour lui) accuse le socialisme, *sans distinction de nuance*, de « vouloir prévoir et régler d'avance l'évolution des individus. » Je pourrais lui citer par dizaines des textes où des socialistes, dont je suis, posent comme fin à poursuivre le développement intégral de chaque personnalité humaine.

Il me serait aisé aussi, si je voulais, de trouver dans des

brochures portant l'étiquette anarchiste des exagérations de toute espèce et de crier ensuite : — Voilà l'anarchie théorique ! — J'ai lu bien des pages où le fanatisme de la liberté individuelle se traduit par des déclarations comme celle-ci : Point d'engagement, point de promesse, parce que c'est une restriction à la liberté ! Point d'obstacles, même dans la conscience, aux appétits quels qu'ils soient, parce que c'est encore une contrainte ! — Je renonce à ce facile procédé de polémique et je déclare m'en tenir au livre que j'ai sous les yeux.

De mon côté, je ne prétends parler qu'au nom du socialisme tel que le défend la *Revue socialiste*, ou tout au moins le plus grand nombre de ses rédacteurs, d'un socialisme qui fut toujours libertaire, ainsi que je l'ai défini moi-même dans *Notre programme* (en mai 1894), ainsi que Jaurès l'expose dans la série d'articles qu'il a commencé de publier dans cette *Revue*.

Cela dit, j'indique nettement, pour éviter des paroles perdues, pour dissiper des malentendus irritants, pour circonscrire le champ du débat, les points sur lesquels nous sommes d'accord avec M. Jean Grave.

Avec lui nous croyons (et il eût bien fait de le reconnaître), que la *lutte pour la vie* doit être complétée et de plus en plus corrigée par l'*accord pour la vie ;* qu'*égoïsme* et *altruisme* sont deux principes, non pas contradictoires, mais également nécessaires et parfaitement conciliables ; que l'égalité sociale consiste à fournir à tous les membres de la société *des moyens égaux de se développer inégalement ;* que *les sentiments et les idées* sont des forces qui poussent les hommes aussi puissamment que *leurs intérêts matériels* ; que l'*évolution*, tout en étant la marche normale de l'humanité, aboutit, quand elle est contrariée, à des crises qu'on appelle *révolutions ;* que la solution des problèmes pendants en matière économique ne peut être qu'*internationale*, ce qui n'empêche pas l'attachement légitime de l'homme à son pays natal ; que le *militarisme* est une chose mauvaise qui doit disparaître ; que le lien souple et fort du *fédéralisme* est de beaucoup préférable à la centralisation politique qui paralyse une nation ; que le *suffrage universel* et surtout le *système parlementaire,* tels qu'ils sont aujourd'hui, laissent infiniment à désirer.

Quoique M. Jean Grave reproche étourdiment au socialisme « de ne rien laisser à l'initiative individuelle » (p. 203), personne d'entre nous ne veut enlever à l'individu la libre disposition des moyens de consommation, personne d'entre nous ne prétend à réglementer l'art, la science ni la conscience ; et, comme lui, nous verrions sans peine, le sol étant devenu propriété collective, chacun, si cela plaisait à chacun, posséder « son *home* séparé, une petite maisonnette pouvant loger la famille et entourée d'un petit jardin pour l'agrément des habitants (p. 290) ».

Bien plus ! nous avouerons que l'idéal rêvé par Spencer et les théoriciens de l'anarchie, une humanité où tout homme ferait son devoir sans contrainte légale et par la seule force d'une discipline intérieure, est assurément noble et grand ; et nous trouvons utile qu'il demeure dressé à l'horizon comme un phare capable de guider les peuples « sur l'océan des âges ».

Je l'ai dit moi-même, il y a longtemps *(Études sur la France contemporaine,* p. 190) et je ne m'en dédis pas. Seulement l'autonomie parfaite, comme le bonheur parfait, comme la santé parfaite, comme tout idéal digne de ce nom, nous semble quelque chose dont on peut approcher indéfiniment sans l'atteindre jamais.

J'arrive ici au principe essentiel qui nous sépare. La clef de voûte du système anarchique, c'est (le mot même le dit) la suppression totale de toute autorité. Or nous croyons que cette suppression, ou, ce qui revient au même, la liberté *absolue,* est impossible dans n'importe quel état social.

Et ici je prie mon adversaire de ne point s'échapper par la tangente. Il est trop aisé de combattre l'autorité dans ses abus, de dire, par exemple, comme il le dit, p. 385 : « Nous repoussons tout pouvoir qui réduirait tous les individus à la même estampille ». — (Parbleu ! je voudrais bien savoir qui ne repousserait pas ce pouvoir-là et je demande où est aujourd'hui le socialiste visant à créer un régime qui renforce ou même garde pour toujours intacte l'autorité de l'État actuel.)

Pour empêcher la discussion de s'égarer, je pose la question en ces termes : *Organisation sociale* et *absence complète d'autorité sont choses contradictoires,* — et je vais essayer de le prouver.

Si je voulais parler le langage abstrait de la philosophie, je pourrais dire : Toute liberté tend à l'infini. Par conséquent, deux libertés qui se rencontrent se limitent ; et dès lors, il n'y a plus autonomie absolue dès qu'il y a société ; il n'y a plus indépendance entière, dès qu'il y a solidarité.

Mais prenons des exemples dans la vie de tous les jours. Je dis que tout homme, dès qu'il coopère avec d'autres à une action quelconque, fait une aliénation, partielle et temporaire tant qu'on voudra, mais forcée, de sa liberté.

Voici un chemin de fer. Cet homme est chargé de faire partir les trains, cet autre de manœuvrer les aiguilles. Il faudra bien que l'un commande et que l'autre obéisse. Il faudra bien que tous deux s'astreignent à être présents de telle heure à telle heure. M. Jean Grave nous parle tout le temps de sociétés « sans statuts ni règlements ». Mais il reconnaît en même temps la nécessité pour chaque membre de toute société de fournir *« une part de travail convenue d'avance »* (p. 266). Qu'est-ce que cela, sinon une restriction de la liberté individuelle ?

Transportons-nous sur un bateau à vapeur. Est-ce que le barreur et le mécanicien n'auront pas d'ordres à recevoir de l'homme faisant fonction de capitaine ? Que deviendrait le bateau sans une subordination des deux premiers au dernier ? Et à ce propos, j'ose m'inscrire en faux contre cette affirmation audacieuse de M. Jean Grave (p. 389) « qu'il ne peut y avoir solidarité d'intérêts entre celui qui commande et celui qui obéit ».

Que serait-ce, si nous passions dans une école d'enfants? Je veux, c'est entendu, qu'on y rende le travail aussi attrayant que possible, qu'on en bannisse pensums, férule, punitions inutiles. Mais quoi! Imaginez-vous les élèves arrivant et partant quand il leur plaira, entrant et sortant à leur fantaisie, ayant pour devise : Ni règlement ni maître? La belle pétaudière, en vérité!

Supposons encore un différend entre deux individus ou deux groupes. Sera-t-on réduit à recourir au droit du poing? Faudra-t-il condamner l'arbitrage, sous prétexte qu'un arbitre est un homme à qui l'on concède une parcelle d'autorité?

Non, quoi qu'on fasse, un minimum d'autorité comme de propriété individuelle est nécessaire dans tout état social. Cette autorité peut être imposée par la nature, ainsi qu'il arrive pour les enfants à l'égard des parents ou des adultes ; elle peut être déléguée par le consentement unanime de ceux qui s'y soumettent; elle peut même, en certains domaines, être exercée au nom d'une majorité. M. Jean Grave, dans une concession désolée (p. 261), avoue que la loi des majorités aura encore sa raison d'être dans la société future telle qu'il la conçoit.

Faut-il conclure? Le but vers lequel il faut marcher n'est pas la suppression impossible de l'autorité. L'autorité doit être seulement restreinte, contrôlée, limitée dans sa durée, dans son étendue, dans son exercice; elle doit surtout devenir de plus en plus consentie, acceptée, contractuelle, et je dirai même, par un roulement qui intervertira tour à tour, quand ce sera possible, les rôles de dirigeants et de dirigés, *mutualisée*.

Voilà ce que nous opposons au grand principe anarchique, à la revendication simpliste de la liberté absolue. Nous verrons, si vous voulez, dans la suite de cet article, comment le désaccord sur le principe se répercute en divergences sur les voies et moyens.

II

Et d'abord les socialistes n'admettent ni comme légitime ni comme efficace l'attentat individuel qui, aux yeux de bien des personnes (à tort d'ailleurs), résume toute l'anarchie. Je n'accuse nullement M. Jean Grave de pousser ses lecteurs à assassiner les gens en détail à coups de couteau ou en bloc à coups de bombes. Mais, étant donné que la révolte est, comme toute chose, abandonnée par les anarchistes à l'initiative individuelle, que chacun peut entendre et pratiquer à sa manière la propagande par le fait, le théoricien est embarrassé, quand il s'agit de se prononcer sur le cas de ceux qui usent du poignard ou de la dynamite.

« Nous n'avons pas, écrit-il (p. 394), à juger ceux qui agirent et dont plusieurs payèrent de leur vie et de leur liberté leur erreur, *s'ils se trompèrent.* » N'en déplaise à l'auteur, cela est équivoque. Je conçois fort bien le sentiment chevaleresque qui incite l'homme de pensée à ne pas répudier la solidarité avec les hommes d'action de son parti, surtout quand ceux-ci ont été victimes de leur propre violence. Mais je crois qu'on peut toujours, lors d'un crime, innocenter l'agent tout en condamnant l'acte. Mme de Staël disait : « Qui pourrait tout comprendre, voudrait tout pardonner ». Et certes, quand on sait de quels mobiles puissants et multiples la volonté humaine est la résultante, quand on réfléchit qu'elle dépend d'un ensemble de conditions internes et externes qui détermine nos sentiments, nos idées et par suite nos résolutions, il est aisé de trouver à tout coupable mille excuses dans sa constitution mentale, dans les misères qu'il a subies, dans le milieu où il a vécu, que sais-je encore ? On peut, on doit ainsi amnistier le criminel, le plaindre au lieu de le haïr ; seulement, si l'on estime l'acte mauvais en soi, il faut le réprouver avec d'autant plus d'énergie, ne fût-ce que pour ôter à d'autres l'envie de le répéter.

M. Jean Grave ne fait pas cette distinction si simple, conséquence rigoureuse de la doctrine déterministe. Je le regrette pour lui et pour sa théorie, qui par là reste liée dans l'opinion générale à des procédés contraires pourtant à son principe fondamental. Est-il, en effet, chose plus opposée au respect de la liberté individuelle, abus plus criant de pouvoir, personnel que de supprimer brutalement, parfois même au hasard, quelques-uns de ses adversaires, en vue d'intimider les autres ?

Mais laissons cette étrange déviation de la théorie anarchiste. Demandons-lui comment elle entend réaliser la société de demain ou d'après-demain.

M. Jean Grave reconnaît qu'on ne retourne pas une société comme un gant ; il admet une longue transformation qui pourra durer plusieurs générations ; et, quoiqu'il y ait beaucoup de flottement dans sa pensée, parce que dans le même volume, parfois dans le même chapitre, il se place tantôt au point de vue de l'homme actuel, mélange de bons et de mauvais penchants, tantôt à celui de l'homme régénéré, « qui ne sera nullement comparable à l'individu d'aujourd'hui » (p. 265), je le félicite d'avoir senti que la transition de ce qui est à ce qui sera, selon lui, est un problème difficile.

Seulement, je ne saurais trop insister sur les inconvénients de la confusion établie entre ce qui est réalisable dès maintenant et ce qui peut le devenir après une longue suite d'années. Chaque fois que M. Jean Grave exige de l'homme des qualités indispensables à l'existence du régime anarchiste, mais impossible à espérer dans le moment présent, il se tire d'embarras en disant : — Il est bien entendu que je parle de l'homme tellement transformé par l'évolution qu'il aura toutes ces qualités et bien d'autres encore.

Soit! mais alors pourquoi tant d'attaques contre les socialistes qui s'occupent, eux, de l'homme d'aujourd'hui?

Quelle est toutefois la solution que l'auteur donne au problème posé? Elle me paraît peu satisfaisante.

Je vois fort bien ce dont il ne veut pas. Point de modification graduelle des lois existantes; car, dit-il, « toute législation est antiprogressiste, par ce fait seul qu'elle est la loi. » Point de réformes, même quand un pouvoir ouvrier décréterait et organiserait la propriété collective du sol et des usines. M. Jean Grave fait, il est vrai, une concession timide; il consentirait presque à des réformes, afin d'en démontrer l'impuissance. Mais mieux vaut y renoncer. Tout ou rien, c'est le résumé du programme. Toujours l'absolu!

Voilà ce que les socialistes ont le bon sens de ne pas accepter. Ils estiment que, par exemple, une loi, garantissant la liberté d'association, serait en France un grand progrès; que toute mesure législative permettant aux travailleurs de se grouper, de s'organiser, voire de vivre plus aisément, est, en attendant mieux, bonne à prendre et à garder. Non pas qu'ils considèrent ces améliorations comme suffisantes; ils l'ont assez dit et redit; mais ils apprécient tout ce qui peut épargner aux déshérités des souffrances inutiles et les mettre en état de mieux lutter contre la misère et l'oppression.

De même M. Jean Grave condamne le vote et toute espèce d'action parlementaire. Nous pensons, au contraire, à considérer seulement la propagande, que tel discours prononcé à la tribune de la Chambre, discuté par la presse de toute couleur, porté par le *Journal officiel* jusqu'au fond des campagnes, a plus fait pour populariser l'urgence et la possibilité d'un grand changement social que vingt volumes, fussent-ils aussi compactes et consciencieux que celui dont je parle en ce moment.

Qu'est-ce donc que proposent les anarchistes pour remplacer toutes les formes de lutte qu'ils repoussent? La révolution à jet continu, la révolution en permanence, durant dix ans, vingt ans, cinquante ans, s'il le faut. Et ils se la figurent comme une série de révoltes individuelles, d'attaques isolées, sans plan, sans méthode, sans discipline, contre n'importe quelle espèce d'autorité, fût-ce celle de l'intelligence. — Mais enfin, pendant ce tourbillonnement sans fin, il faudra bien songer à s'organiser. — Rien de plus facile, à en croire M. Jean Grave. « La masse, livrée à elle-même, saura s'inspirer des circonstances et trouver l'organisation qu'il lui faut (p. 136). » Et voilà ! Des groupements se feront et se déferont, aussitôt rompus que formés (p. 341); car « l'individu ne sera attaché au groupe que par le plaisir qu'il y trouvera (p. 266). » Cela suffira pour assurer, de tâtonnement en tâtonnement, toute la vie sociale, l'éducation des enfants, l'entretien des routes, la construction des édifices publics et même la production de toutes les denrées nécessaires. Il ne sera pas même besoin d'une commission de statistique pour déterminer la somme de produits indispensable, afin que chacun puisse venir puiser au tas sans contrôle. Plus anarchique encore qu'aujourd'hui, sous le régime de la concurrence illimitée, la production sera, comme tout le reste, livrée aux caprices de la fantaisie individuelle.

On comprendra que les socialistes ne soient pas séduits par cette perspective d'organisation spontanée et perpétuellement instable, qu'ils manquent de foi dans la facilité de faire ainsi de l'ordre avec du désordre. Ils ont bien des objections contre ce programme si merveilleusement simple. En voici deux :

D'abord, quoique les anarchistes, en vertu de ce puéril amour-propre qui pousse tant de gens à vouloir être plus avant que personne sur la route de l'avenir, se croient et se disent volontiers le parti le plus avancé, nous osons leur faire remarquer que la méthode préconisée par eux est infaillible pour retarder indéfiniment cette révolution qu'ils appellent de leurs vœux. Quoi! tandis que toutes les forces de la société capitaliste se coalisent et se concentrent, tandis que l'ennemi, retranché dans une formidable citadelle, a l'avantage de la position, du nombre, de l'armement, on vient proposer aux assaillants de l'attaquer par petits paquets, par bandes isolées et désordonnées, voire même individuellement, comme Don Quichotte attaquait les moulins à vent! On crie aux soldats qui assiègent cette forteresse : Rompez les rangs! Dispersez-vous! Allez à l'aventure! Marchez et combattez comme bon vous semblera! On leur parle avant la bataille comme on pourrait parler après la victoire à une armée qui n'aurait plus à poursuivre que des fuyards! On nous pardonnera de penser que cet éparpillement n'est pas une condition de succès.

Ensuite, supposons que les remparts de la société bourgeoise se soient écroulés par miracle à la voix des anarchistes, comme les murs de Jéricho au son des trompettes, croit-on que les hommes, déracinés de leurs habitudes, puissent demeurer trente ans, quarante ans et plus, dans cet état diffus, trépidant, chaotique que leur promet « la Révolution en permanence » ? Une période révolutionnaire ne peut être que très courte, si l'on ne veut pas susciter une formidable réaction. L'histoire de tous les pays est là pour témoigner de l'apathie harassée qui suit fatalement les perturbations prolongées. Quel recul vers le despotisme, quelle peur de la liberté, au lendemain d'un demi-siècle de secousses sans répit!

C'est pourquoi les socialistes réclament le desserrement progressif des liens qui entravent l'individu; c'est pourquoi ils se résignent à passer par différents stades dans l'approximation de leur idéal moral et social. Au risque d'être traités par les adeptes du *tout ou rien*, de vils « conservateurs » (le mot est déjà chez M. Grave), ils ne craignent point, comme il sied à un grand parti soucieux d'aboutir, de *limiter leur programme immédiat,* ce qui est plus sage et même plus hardi que de promettre le paradis pour demain. Ils savent que les abus les plus nombreux, les plus iniques du régime actuel, viennent de l'appropriation par quelques-uns de ce qui devrait être exploité au profit de tous ; ils en concluent que la première tâche à accomplir est de socialiser les moyens de production et de circulation.

Elle est assez considérable, assez difficile, cette réforme ou révolution essentielle, pour suffire longtemps à leur activité. Une fois opérée, elle produira les conséquences dont elle est grosse et l'émancipation de l'individu en est une. Mais les socialistes n'entendent point brûler les étapes de l'évolution, pas plus d'ailleurs qu'ils n'entendent arrêter l'évolution en un point marqué.

On a cru, au dix-septième siècle, qu'on pouvait fixer une langue, une littérature, une religion, une société ; on sait aujourd'hui que l'immobilité, c'est la mort. On sait qu'il est fou de rêver une société pétrifiée en des formes définitives.

Donc, les socialistes ne visent point à supprimer l'effort pour l'avenir ; ils laissent leur part de travail aux générations qui nous succèderont. De même que chaque individu ne naît pas libre, mais le devient peu à peu en passant de l'enfance à l'âge adulte, de même la conquête de la liberté par l'humanité est chose longue et pénible. L'émancipation a commencé et est près d'être un fait accompli dans le domaine intellectuel : art, science, religion se dérobent de plus en plus à l'empire de la loi. Un progrès analogue s'opèrera sans nul doute en matière politique et économique et nous voulons bien prévoir un temps où l'homme, bénéficiant d'habitudes séculaires cristallisées en instincts par l'hérédité, se sera fait une moralité assez haute et assez forte pour que la loi cesse d'être nécessaire comme moyen d'imposer le respect du droit égal d'autrui. Mais, d'ici là, dans l'intérêt même de la liberté, nous nous défions de ceux qui la compromettent en voulant la réaliser intégralement dès demain ou après-demain, en dehors des conditions qui la rendront possible, et, pour tout dire en un mot, nous sommes tentés de les appeler : « Le parti de la charrue avant les bœufs. »

M. Jean Grave termine fièrement son livre en disant : « Aux travailleurs à méditer. » — Nous aussi, nous disons avec confiance à ceux qui réfléchissent : Comparez et jugez.

GEORGES RENARD.

8-15 octobre 1895.

LIBRAIRIE DE LA *REVUE SOCIALISTE*

Nous avons cru faire œuvre utile et répondre aux besoins créés par la prépondérance des questions sociales, en étendant la Librairie de *la Revue Socialiste* aux volumes et brochures touchant de près ou de loin au Socialisme.

Et afin que ce groupement, parfois laborieux, n'entraînât aucune augmentation de prix, nous avons passé, avec les éditeurs, des traités qui nous permettent de répondre à toutes les demandes au prix courant et sans autres frais que ceux du port.

De cette librairie, nous avons dressé un Catalogue qui sera envoyé *franco* sur demande.

EXTRAIT DU CATALOGUE

ŒUVRES non épuisées de BENOIT MALON

	Paris	Par poste
Manuel d'Économie sociale, un volume in-18	2 50	2 90
Le Nouveau Parti, 1er volume : le Parti Ouvrier et ses principes	1 50	1 80
— 2e volume : le Parti Ouvrier et sa politique	1 50	1 80
Capital et Travail, de Lassalle, traduction française, 1 volume	2 »	2 30
La Quintessence du Socialisme, Schäffle, traduction française, 1 volume	0 25	0 35
Histoire de l'Agiotage, de 1715 à 1870, forte brochure in-8	1 »	1 30
Constantin Pecqueur, doyen du Collectivisme. Brochure in-8	0 40	0 50
Le Socialisme-Réformiste, brochure in-8	0 30	0 40
Le Socialisme intégral, 1re partie : Histoire des théories et des tendances générales, un fort volume in-8	6 »	6 85
— 2e partie : Des moyens pratiques et des réformes possibles, un fort volume in-8	6 »	6 85
Précis historique, théorique et pratique de Socialisme (Première série des *Lundis Socialistes*)	3 50	3 90
La Morale Sociale, précédée d'une biographie par *Léon Cladel*, et d'une préface de *Jean Jaurès*	3 50	3 90
L'Internationale, son Histoire et ses Principes	0 30	0 40

ŒUVRES SOCIALISTES de GEORGES RENARD

	Paris	Par poste
Études sur la France contemporaine	3 50	3 90
La Conversion d'André Savenay	3 50	3 90
Un Exilé	3 50	3 90
Critique de combat (Première série)	3 50	3 90
— (Deuxième série)	3 50	3 90
Lettres socialistes. — I. Aux Étudiants	0 20	0 25
— II. Aux Femmes	0 20	0 25
— III. Aux Paysans	0 20	0 25
— IV. Aux Employés	0 20	0 25
— V. Aux Membres du Corps enseignant	0 20	0 25
Socialisme Libertaire et Anarchie	0 20	0 25

SUITE DE L'EXTRAIT DU CATALOGUE

DE LA LIBRAIRIE DE LA *Revue Socialiste*

	Paris	Par poste
Maurice BARRÈS. **Assainissement et Fédéralisme**	0 20	0 25
BÉNÉDICT (Benoit Malon). **Le Catholicisme social**	0 20	0 25
H. BRISSAC et A. NAQUET. **Pour et contre le Collectivisme**	0 25	0 35
H. BRISSAC. **Résumé populaire du Socialisme**	0 20	0 25
— **La Société collectiviste**	0 50	0 60
— **Travail et Prolétariat**	0 05	0 10
Maurice CHARNAY. **Législation directe et Parlementarisme**	0 20	0 25
Auguste CHIRAC. **L'Agiotage de 1870 à 1886**	1 »	1 30
— **De la Vénalité dans le Journalisme**	0 25	0 35
César DE PAEPE. **Les Services publics**, précédés de deux essais sur le Collectivisme (Notice biographique par B. Malon)	1 50	1 80
J.-B. DUMAY, député, ouvrier mécanicien, ancien maire du Creusot. **Un Fief capitaliste** (Le Creusot)	0 10	0 15
ENGELS. **Socialisme utopique et Socialisme scientifique**, traduit par Paul LAFARGUE	0 50	0 60
Charles GIDE. **L'Avenir de la Coopération**, conférence	0 10	0 15
J. GORSAS. **Mirabeau**	0 05	0 10
— **Danton**	0 05	0 10
Jules GUESDE. **Le Problème et la Solution, Les huit heures à la Chambre**	0 10	0 15
Jean GUETTRE. **Le Parti socialiste et la Question agricole**, préface de A. VEBER	0 25	0 35
A. HERZEN. **Le Peuple Russe et son Gouvernement**	0 25	0 35
Clovis HUGUES. **Le Mauvais Larron**	0 30	0 40
ISSAURAT. **L'Éducation d'un Géant** (Études sur Rabelais)	0 20	0 25
LAFARGUE. **Le Droit à la Paresse**	0 25	0 35
— **Programme agricole du Parti ouvrier français**	0 10	0 15
MIJOUL. **Le Familistère de Guise**	0 05	0 10
Gustave ROUANET. **La Question monétaire**	0 10	0 15
A. TABARANT. **Petit Catéchisme du Socialisme**	0 10	0 15
— **Catéchisme du Paysan**	0 10	0 15
Gustave TRIDON, ancien membre de la Commune. **La Force** (belle page de littérature sur le rôle de la force dans la Révolution) ; biographie de l'auteur, par A. RÉGNARD	0 20	0 25
Émile VEYRIN. **La Pâque Socialiste**	0 50	0 60

BROCHURES DE PROPAGANDE

ÉDITÉES PAR LE PARTI SOCIALISTE BELGE

Louis BERTRAND. **Aux Paysans**	0 05
— **Droit à la Vie**	0 05
— **Qu'est-ce que le Socialisme?**	0 05
— **Le Socialisme communal**	0 10
Maurice HAMBURSIN. **Le Catéchisme du Campagnard**	0 05
LÉO. **La Propriété et le Socialisme** (Première partie)	0 05
— **La Propriété et le Socialisme** (Deuxième partie)	0 05
RIENZI. **Le Paradis Terrestre**	0 05
Emile VANDERVELDE. **Le Collectivisme** (Première partie)	0 05
— **Le Collectivisme** (Deuxième partie)	0 05
— **Lettre Collectiviste**	0 05
— **Le Socialisme agricole**	0 05
— **Vive la Commune!**	0 05

N. B. — *Ajouter, pour l'affranchissement des ouvrages du Parti socialiste belge, [illegible] centimes pour quatre brochures ou fraction de quatre.*

Suresnes. — Imp. G. RICHARD, 8, rue des Bourets.

www.ingramcontent.com/pod-product-compliance
Ingram Content Group UK Ltd.
Pitfield, Milton Keynes, MK11 3LW, UK
UKHW012123240726
13965UKWH00005B/1940

9 782012 785182